gente que cant

GUÍA DIDÁCTICA

Jaime Corpas

explotaciones y
ejercicios fotocopiables

Guía para Gente que canta

Autor:
Jaime Corpas

Coordinación editorial y redacción:
Núria París

Corrección:
Eduard Sancho

Diseño de la portada:
Ángel Viola

Diseño del interior:
Montse Panadés

Maquetación:
Montse Panadés

Ilustraciones:
Pere Virgili

Gente que canta (CD o casete)
Texto y música: Trini García, Juanjo Gutiérrez,
Neus Sans, Detlev Wagner
Dirección artística y piano: Lluís Vidal
Voces: Trini García, Rafael Villanova, Detlev Wagner
Guitarras: Juanjo Gutiérrez, Rafael Villanova
Bajos: Dick Them, Pere Martínez
Saxo y clarinete: Pep Poblet
Percusión: Jordi Puigví
Coros: Jordi Díez, Trini García
Técnico de sonido: Jordi Díez

© Difusión, S.L., Barcelona, 1999
ISBN: 84-89344-66-3
Depósito Legal: B-16924-99

Impreso en España por Torres i Associats, S.L., Barcelona
Este libro está impreso en papel ecológico.

DIFUSION

Centro de Investigación y Publicaciones de Idiomas, S.L.
C/Bruc, 21, 1º , 2ª - 08010 Barcelona. Tel. 93 412 22 29 - Fax 93 412 66 60
e-mail: editdif@intercom.es
http://www.difusion.com

INTRODUCCIÓN

Uno de los recursos más lúdicos y gratificantes en el aula de español son las canciones. Además de constituir un vehículo privilegiado para la transmisión de lengua y de cultura, son un importante complemento pedagógico especialmente motivador que llega directamente a la sensibilidad del alumno.

A pesar de sus múltiples posibilidades de aprovechamiento, en ocasiones no resulta fácil encontrar canciones adecuadas a la competencia lingüística de nuestros alumnos y, a menudo, nuestro quehacer diario no nos deja tiempo para preparar a conciencia este tipo de actividades.

Gente que canta (casete o CD) ofrece una recopilación de canciones de diferentes estilos y ritmos para alumnos de un nivel inicial que constituye, por sus contenidos lingüísticos y culturales, una valiosa herramienta de trabajo para el aula.

La *Guía didáctica* aporta un extenso repertorio de propuestas de explotación para las 11 canciones recogidas en *Gente que Canta*. Este material ha sido especialmente diseñado para facilitar la tarea del profesor y contiene una sección con ejercicios fotocopiables en la que se recopilan las plantillas con el material de trabajo necesario para el alumno. En esta guía cada canción se estructura en cuatro apartados.

▶ CANCIÓN (transcripción de la letra).

▶ CONTENIDOS LINGÜÍSTICOS (aspectos morfosintácticos y funcionales).

▶ NOTAS CULTURALES relacionadas con el contenido.

▶ PROPUESTAS:

Antes. Actividades previas a la audición que preparan y sitúan al alumno.

Durante. Propuestas centradas en la comprensión.

Después. Explotaciones especialmente diseñadas para ampliar y desarrollar las destrezas productivas.

Karaoke. Actividad opcional que incluye ideas para animar a los alumnos a cantar en el aula

Trabajar con canciones es una forma de romper con la monotonía en el aula, un viaje cultural que el alumno percibe como un regalo que refuerza su aprendizaje y a la vez le divierte. Porque cantando también se aprende.

ÍNDICE

CANCIÓN

1

¿CÓMO SE LLAMA USTED?

Pepe es José.
Pili es Pilar.
Paco es Francisco
y Javi, es Javier.
Lupe, Guadalupe,
Juanjo, Juan José.
Tere es Teresa.
Manolo es Manuel.

¿Cómo se llama usted?
¿Cómo te llamas tú?
¿Y tú? ¿Y tú y tú y tú?
¿Cómo se llama usted?
¿Cómo te llamas tú?

Marga es Margarita.
Toni Antonio es.
Santi, Santiago.
Nacho, Ignacio es.
Lola es Dolores.
Concha, Concepción.
Magda, Magdalena,
Trini, Trinidad.

¿Cómo se llama usted?
¿Cómo te llamas tú...?

CONTENIDOS LINGÜÍSTICOS

▶ Nombres

- *Pepe es **José***.

▶ Formas familiares de los nombres (hipocorísticos)

- ***Pepe** es José*.

▶ Llamarse

tú - usted

- *¿Cómo **se llama** usted?*
  *¿Cómo **te llamas** tú?*

NOTAS CULTURALES

El nombre. Tradicionalmente, la mayoría de los nombres españoles son de origen católico y proceden de la Biblia o del santoral. Muchos de los nombres de mujer son de vírgenes. La imagen de la virgen recibe un nombre distinto en función del lugar donde se encuentra o del sentimiento de la virgen que representa. Así, en Zaragoza, por ejemplo, hay muchas mujeres con el nombre de Pilar por la Virgen del Pilar, la cual, según las creencias del lugar, apareció sobre una columna o pilar. En Cataluña muchas mujeres se llaman Montserrat por la virgen que se encuentra en las montañas que reciben el mismo nombre. Entre otros muchos, no son extraños nombres de mujer como Purificación, Dolores, Soledad, Milagros o Angustias. Pero, hoy en día, también son frecuentes nombres procedentes de otras culturas como Jonathan, Isis, Nilo, Jessica o Kevin.

El hipocorístico. Es una forma familiar que hasta hace poco se daba sólo en algunos nombres, como es el caso de Paco por Francisco o Pepe por José. Actualmente, y en especial entre los jóvenes, se está extendiendo este fenómeno a muchos nombres para darles un tono más informal. Así, están surgiendo nuevas formas como Chema por José María o Mamen por Mari Carmen.

El apellido. En la cultura hispana las personas tienen dos apellidos. El primero es normalmente el primero de los paternos y el segundo, el primero de los maternos.

PROPUESTAS

 **ANTES**

1 PERSONAS FAMOSAS (✂ *pág. 58*)

Como introducción al tema de los nombres y apellidos hispanos, les entregaremos a los alumnos el ejercicio fotocopiable en el que tendrán que completar los nombres de los personajes famosos adjuntos.

Solución:

▶ 1. Frida, 2. Salvador, 3. Montserrat, 4. Pedro, 5. Antonio, 6. Isabel, 7. Gabriel, 8. Carlos, 9. Federico.

2 NOMBRES, NOMBRES (✂ *pág. 59*)

El objetivo de este ejercicio es que los alumnos se familiaricen con los nombres españoles. Para ello, se les entregará una fotocopia en la que tendrán que identificar qué nombres de los dos recuadros son de hombre y cuáles de mujer. Luego, en parejas, añadirán otros nombres a los recuadros. Al final haremos una puesta en común en la pizarra.

Solución:

▶ Nombres de mujer (en la lista de nombres de hombre): Pilar, Ana, Mercedes.
Nombres de hombre (en la lista de nombres de mujer): Joaquín, Esteban, Sebastián.

▶ DURANTE

❸ Explicaremos a los alumnos que, para llamar a una persona, en lugar de utilizar su nombre, a menudo usamos una forma más familiar (hipocorístico). Seguidamente escucharán algunos ejemplos. Después, les pediremos que escuchen la canción y que anoten todos los nombres que oigan. Finalmente, haremos una puesta en común y escribiremos los nombres en la pizarra.

❹ PEPE ES JOSÉ (✂ *pág. 59*)

Ahora escucharán de nuevo la canción. Tendrán que relacionar los nombres de la columna de la izquierda con los de la derecha. Si lo necesitan, pondremos la canción dos veces.

Solución:

▶ 1. H, 2. Ñ, 3. C, 4. F, 5. I, 6. B, 7. K, 8. D, 9. A, 10. E, 11. L, 12. G, 13. O, 14. J, 15. N, 16. M.

▶▶ DESPUÉS

❺ Comentaremos con los alumnos qué nombres españoles les gustan más y cómo les gustaría llamarse en español. Lo mismo puede hacerse en su idioma, preguntándoles qué nombre les gusta más y por qué.

Nota: Si sus alumnos no conocen el verbo "gustar" o no tienen todavía el nivel para expresar sus gustos, pueden hacerlo en su idioma.

❻ A muchos estudiantes les resulta curioso saber si existe un equivalente de su nombre en otros idiomas. Comentaremos con los alumnos las posibles correspondencias de sus nombres en español e intentaremos averiguar las correspondencias de los nombres que salen en la canción en sus propios idiomas. Por ejemplo: Antonio, Anthony, Antoine.

Karaoke (Actividad opcional)

1. En grupos, los alumnos harán una lista con las formas familiares de los nombres de sus compañeros (también pueden usar nombres de personas que no estén en su grupo). Si a algún compañero no se le llama de una forma especial, se inventarán un nombre familiar.

2. Les entregaremos una copia de la letra de la canción y, siguiendo el modelo, sustituirán los nombres por los de su lista, procurando respetar el ritmo de la canción.

3. Cada grupo canta su canción para la clase.

CANCIÓN

2

PUES PREGÚNTALE, AMIGO

¿Es de aquí o es extranjero?
¿Es profesor o camarero?
Yo no sé.
Pero lo quiero conocer.
Me he enamorado,
hermano.
Pues pregúntale, amiga,
pues pregúntale, amiga,
pues pregúntale, amiga.

¿Es de aquí o es extranjera?
¿Es profesora o camarera?
Yo no sé.
Pero la quiero conocer.
Me he enamorado,
hermano.
Pues pregúntale, amigo,
pues pregúntale, amigo,
pues pregúntale, amigo.

¿Es español o italiano?
¿Es inglés o americano?
Yo no sé.
Pero lo quiero conocer.

Me he enamorado,
hermano.
Pues pregúntale, amiga...

¿Es española o italiana?
¿Es inglesa o americana?
Yo no sé.
Pero la quiero conocer.
Me he enamorado,
hermano.
Pues pregúntale, amigo...

CONTENIDOS LINGÜÍSTICOS

▶ Pedir información sobre una persona

Nacionalidad o procedencia

- ¿*Es de* aquí o *es* extranjero?
- ¿*Es* español o italiano?

Profesión

- ¿*Es* profesor o camarero?

▶ Mostrar interés por una persona

- ... *lo* quiero conocer. (a él)
- ... *la* quiero conocer. (a ella)

▶ Incitar a preguntar

- *Pues pregúntale*... (a él o a ella)

▶ Enamorarse (de)

Me he enamorado.

▶ Género

masculino	femenino
español	español**a**
inglés	ingles**a**
italian**o**	italian**a**
american**o**	american**a**
profesor	profesor**a**
camarer**o**	camarer**a**

NOTAS CULTURALES

El género en las profesiones. A veces hay cierta confusión al escribir en femenino alguna de las profesiones que en otros tiempos estaban reservadas a los hombres. La transformación de la sociedad española, en especial a partir de los años 70, ha contribuido a que cada vez haya más mujeres en puestos relevantes, desde carteras ministeriales a cargos de dirección en todos los ámbitos. De este modo, el nombre de profesiones o cargos tiene que concordar con el género al que se refiere. Cada vez es más frecuente decir "la médica", "la ingeniera", "la diputada", "la jefa" o "la primera ministra".

Expresar amor. Para expresar el amor que se siente hacia una persona, en la mayoría de los países de habla hispana se utiliza el verbo querer: "te quiero". En algunas variantes regionales, se usa el verbo amar, aunque en la Península sólo se usa en contextos poéticos.

PROPUESTAS

◀ ANTES

1 ¿QUIÉN ES QUIÉN? (✂ *págs. 60 y 61*)

En esta actividad les vamos a proponer a los alumnos un juego en el que, en parejas, tendrán que averiguar la nacionalidad y la profesión de algunas personas. A cada alumno se le entregará una parte del ejercicio con la información correspondiente a cada una de estas personas y, a su compañero, la información complementaria. Deberán intercambiar los datos formulando preguntas concretas.

2 Si queremos ampliar esta actividad, les podemos pedir que piensen en un personaje famoso, en su nacionalidad, profesión y otros datos que conozcan. Sus compañeros tendrán que adivinar de quien se trata formulando preguntas directas. Por ejemplo: ¿Es inglés? ¿Es un artista?

► DURANTE

3 A. Los alumnos escucharán las dos primeras estrofas de la canción. Previamente les habremos dado las instrucciones de que escuchen y piensen cuál puede ser el título.

Solución:

▶ "Pues pregúntale, amigo"

4 ROMPECABEZAS (✄ *págs. 62 y 63*)

Esta actividad se va a realizar en dos partes, DURANTE y DESPUÉS. Primero, formaremos grupos de 4 y le entregaremos a cada miembro una estrofa de la canción (pág. 62). Les explicaremos que la canción consta de 4 estrofas y que cada uno recibirá una de ellas. Cuando escuchen la canción deberán colocar la estrofa en la posición que le corresponda, 1ª, 2ª, 3ª o 4ª (pág. 63). Es preferible advertirles que las cuatro estrofas se parecen mucho y que tienen que prestar mucha atención.

Nota: Cada alumno deberá tener una estrofa de la página 62 y una copia de la página 63.

►► DESPUÉS

5 ROMPECABEZAS (✄ *págs. 62 y 63*)

Después de la audición, y siguiendo el orden de la letra de la canción, tendrán que dictar su estrofa a sus tres compañeros, que tendrán que escribirla en el espacio correspondiente. Finalmente se corregirán entre ellos.

Nota: Si el número de alumnos no es múltiple de cuatro, se puede hacer un grupo con uno o dos alumnos más. En este caso, tendremos alumnos con estrofas repetidas. Les pediremos que cada uno dicte un trozo.

6 Vuelven a escuchar la canción para comprobar si el orden es el correcto.

Karaoke

Dividiremos la clase en 4 grupos. Todos los que tenían la primera estrofa en la actividad anterior formarán un grupo. Los que tenían la segunda otro, y así sucesivamente con los de la tercera y cuarta estrofa. Con la música de fondo cada grupo cantará su estrofa.

CANCIÓN

3

TU PIEL ES MI AVENTURA

No hay playas de arenas blancas,
no es Tahití ni Honolulú,
no es una isla en los mares del sur.
Es aquí, a tu lado, mi amor.

El paraíso es aquí, mi amor.
El paraíso es donde estás tú.
El paraíso es aquí, mi bien,
abrazada a tu cintura.
El paraíso es aquí, mi amor.
Tu piel es mi aventura.

No es un jardín escondido en oriente,
no hay lagos de aguas transparantes,
no es un viaje a lugares prohibidos.
Es aquí, a tu lado, mi amor.

El paraíso es aquí, mi amor.
El paraíso es donde estás tú.
El paraíso es aquí, mi bien,
abrazada a tu cintura.
El paraíso es aquí, mi amor.
Tu piel es mi aventura.

Quiero estar aquí,
vivir, soñar, sentir.
Quiero estar aquí,
reír, volar, dormir.

Quiero estar aquí...

El paraíso es aquí, mi amor.
El paraíso es donde estás tú.
El paraíso es aquí, mi bien,
abrazada a tu cintura.
El paraíso es aquí, mi amor.
Tu piel es mi aventura.

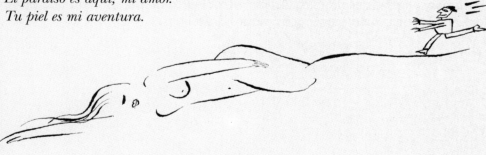

CONTENIDOS LINGÜÍSTICOS

▶ **Hay**

- *No **hay** playas de arenas blancas.*

▶ **Querer** + Infinitivo

- ***Quiero** estar aquí, vivir, soñar, sentir.*

NOTAS CULTURALES

El bolero. Este ritmo se hizo popular en los años 50 gracias a intérpretes como Antonio Machín, los Panchos o Nat King Cole. Si bien nunca ha dejado de estar presente en la vida cotidiana de la gente, hoy en día es un tipo de música que también ocupa un importante lugar entre los gustos musicales de los más jóvenes. El instrumento que predomina en el bolero es la guitarra y, a diferencia de otros ritmos latinos más alegres, como la salsa o el cha cha chá, lo más importante es la letra, que suele hacer referencia a cuestiones amorosas.

El paraíso. Muchos españoles asocian el concepto de paraíso con una playa de arena blanca, palmeras, cocos, aguas cristalinas...

PROPUESTAS

◀ ANTES

1 SÓLO MÚSICA (✂ *pág. 64*)

Pondremos la versión karaoke de la canción (no es necesario ponerla toda) y les pediremos que escuchen la música y piensen a qué lugar les transporta y qué sentimientos y colores les sugiere. Después lo comentarán primero en parejas y luego en común con la clase. En la pizarra apuntaremos las tres palabras que hayan salido más veces.

Nota: De la página 64, les entregaremos sólo la fotocopia de este ejercicio por separado.

2 Podemos preguntarles si saben qué tipo de música es y hablar sobre el bolero u otros géneros musicales latinos que conozcan.

▶ DURANTE

3 Ahora pondremos la canción y les pediremos que escuchen atentamente y anoten todas las palabras que hacen referencia a lugares. Después compararán sus resultados con los de su compañero y al final escribiremos las palabras en la pizarra.

Solución:

▶ playas, Tahití, Honolulú, isla, mares, sur, paraíso, aquí, jardín, oriente, lagos, lugares prohibidos.

4 Una vez tengamos las palabras en la pizarra, les preguntaremos qué lugar se está describiendo en la canción.

5 Pondremos de nuevo la canción. Ahora los alumnos tendrán que tomar notas para explicar a continuación qué es y qué no es el paraíso en esta canción.

Solución:

▶ El paraíso no es: una playa de arenas blancas, Tahití, Honolulú, una isla en los mares del sur, un jardín escondido en oriente, un lago de aguas transparentes, un viaje a lugares prohibidos.

▶ El paraíso es: aquí, a tu lado mi amor, donde estás tú, estar abrazada a tu cintura.

▶▶ DESPUÉS

6 Haremos una puesta en común y les entregaremos la letra de la canción para que puedan comprobar sus resultados.

7 EL PARAÍSO   (✂ *pág. 64*)

Ahora ellos tienen que describir qué es y cómo es para ellos el paraíso. Esta actividad puede ser oral o escrita.

 Karaoke (Actividad opcional)

Cantaremos juntos la canción siguiendo la letra.

CANCIÓN

4

REBAJAS, REBAJAS

Chanel, Christian Dior,
Moschino, Adidas, Nike,
Levi´s Strauss, Lacoste, Calvin Klein.
Las mejores marcas
a los mejores precios
en nuestras rebajas.

No importa qué,
ni para quién.
Me gusta comprar.
Quiero gastar.
¿Y cuánto es?
Son cien mil cien.

Mira los zapatos, qué bonitos son.
Mira esas camisas, qué preciosidad.
Mira las chaquetas, qué baratas son.
Mira los vestidos, qué buena calidad.

Rojo, verde, negro o marrón,
lila, gris, azul, blanco o amarillo.
Los colores más bonitos,
los mejores precios,
en nuestras rebajas.

No importa qué,
ni para quién.
Me gusta comprar.
Quiero gastar.
¿Y cuánto es?
Son cien mil cien.

De cuero, de poliéster o de algodón,
de lana, de lino, de seda o de visón.
Los mejores materiales
a los mejores precios
en nuestras rebajas.

Mira esos chalecos, qué monos son.
Mira esos abrigos, qué preciosidad.
Mira los relojes, qué modernos son.
Mira, pantalones, bonitos de verdad.

CONTENIDOS LINGÜÍSTICOS

▶ **Superlativos**

- *Los colores **más** bonitos,
  los **mejores** precios...*

▶ **Qué** + adjetivo

- ***Qué bonitos** son.*

▶ **Qué** + sustantivo

- ***Qué preciosidad.***

▶ Pagar

- *¿Y **cuánto es?**
  Son cien mil cien.*

▶ Prendas de vestir

- *Mira los **zapatos**.*

▶ Materiales

- ***de lana, de lino, de seda...***

▶ Colores

- ***lila, gris, azul...***

NOTAS CULTURALES

Las rebajas. En España, los establecimientos, en especial las tiendas de ropa, suelen ofrecer rebajas dos veces al año: en invierno y en verano. Las más importantes son en enero, después de las fiestas de Navidad. En verano, generalmente, empiezan a finales de julio. El objetivo de las rebajas es liquidar el género de temporada para poder renovar las tiendas con las prendas de la nueva temporada.

Los horarios. A diferencia de muchos países, en España la mayoría de los establecimientos cierran a la hora del almuerzo. Los horarios varían, pero en general se abre de 9.00/10.00 a 13.00/14.00 y de 16.30/17.00 a 20.00/20.30. De unos años a esta parte, están proliferando grandes centros comerciales, en especial en las grandes ciudades, que suelen ofrecer un horario ininterrumpido, normalmente de 9.00 a 21.00.

PROPUESTAS

 ANTES

1 **A.** Pondremos la primera estrofa de la canción (la megafonía). Les pediremos a los alumnos que piensen en lugares donde puedan oír este mensaje.

Solución:

▶ En unos grandes almacenes.

B. Volveremos a poner la misma estrofa y les pediremos que digan qué pasa en estos almacenes.

Solución:

▶ Están de rebajas.

2 ¿Recuerdan algunas marcas? ¿De qué son?

Solución:

▶ Son marcas de ropa.

Chanel, Christian Dior, Moschino, Adidas, Nike, Levi´s Strauss, Lacoste, Calvin Klein

Nota: A los alumnos les puede resultar divertido e interesante comentar cómo se suelen pronunciar éstas y otras marcas u otros nombres en español.

Ejemplo: Colgate, cutter, AC/DC (acé decé), Donut´s, PC (pecé), Sylvester Stallone (Estalone), U2 (u dos), tupperware (tuperbare), etc.

3 Comentaremos con nuestros alumnos qué les parece el fenómeno de las marcas, si siempre compran prendas de marca o les da igual. Otro tema de debate puede ser las rebajas, si gastan mucho en las rebajas, qué suelen comprar, si encuentran normalmente lo que buscan, etc.

▶ **DURANTE**

4 PRENDAS DE VESTIR, MATERIALES Y COLORES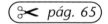

Antes de escuchar la canción tendrán que clasificar las palabras en tres listas: la primera con prendas de vestir, la segunda con materiales y la última con colores.

Solución:

PRENDAS DE VESTIR

zapatos
camisa
chaqueta
vestido
chaleco
abrigo
reloj
pantalones
calcetines

MATERIALES

cuero
poliéster
algodón
lana
lino
seda
visón
plástico

COLORES

rojo
verde
negro
marrón
lila
gris
azul
blanco
amarillo
naranja

⑤ LAS TRES PALABRAS (✂ *pág. 65*)

Ahora les pondremos la canción. Hay tres palabras, una de cada lista, que no aparecen en la canción. Tendrán que escuchar atentamente para marcar todas las palabras que reconozcan y poder identificar cuáles son esas tres palabras.

Solución:

▶ calcetines, plástico, naranja

⏩ DESPUÉS

⑥ Para ampliar o revisar vocabulario les propondremos que completen las listas de prendas de vestir, materiales y colores con otras palabras que no salgan en la canción.

⑦ Les repartiremos la letra de la canción. En parejas o en grupos de cuatro les pediremos que sustituyan de la letra todas las palabras que hagan referencia a prendas de vestir (en la segunda y en la quinta estrofa) por otras que no aparezcan en la canción. Deberán tener en cuenta que es posible que tengan que transformar algunas palabras, dependiendo de la persona y el género, por ejemplo: "Mira **las botas**, qué bonit**as** son".

 Karaoke (Actividad opcional)

1. Repartiremos un papelito en blanco a cada pareja o grupo formados para la actividad anterior. En uno de los papeles, aparecerá la palabra "rebajas". El grupo que reciba este papelito escribirá en la pizarra la versión que ha elaborado sobre las dos estrofas que se refieren a la ropa (la segunda y la quinta). Si hay algún error intentaremos corregirlo entre todos.

2. Pondremos la versión karaoke (es posible que necesiten escuchar de nuevo la canción antes de hacer esta actividad) y cantaremos la canción de esta forma:

a) No cantaremos cuando oigamos la megafonía (1ª, 4ª y 7ª estrofa).

b) Cantaremos las estrofas 2 y 5 pero con la versión de nuestros alumnos.

c) Seguiremos la letra original para las estrofas 3 y 6.

Nota: Puede ser aconsejable hacer un esquema de las 7 estrofas en la pizarra para que entiendan qué tienen que hacer con cada una:

1ª estrofa. Megafonía (no cantamos)
2ª estrofa. Letra de los alumnos (cantamos juntos)
3ª estrofa. Letra original (cantamos juntos)
4ª estrofa. Megafonía (no cantamos)
5ª estrofa. Letra de los alumnos (cantamos juntos)
6ª estrofa. Letra original (cantamos juntos)
7ª estrofa. Megafonía (no cantamos)

CANCIÓN

5

GENTE EN FORMA

Arriba los brazos, tócate los pies.
Dobla las rodillas, la espalda también.
Gira todo el cuerpo, mueve las caderas,
dobla la cintura. Derecha, izquierda,
y un, dos, tres...

Viva la gimnasia, abajo el estrés,
Viva el deporte, y un, dos, tres...
¡Qué fuertes somos! ¡Qué sanos estamos!
¡Dios mío, qué duro! ¡Cómo nos cuidamos!

Arriba, abajo. ¡Venga!
Y uno, dos. Y un, dos, tres...

Toma mucha agua, no comas de pie.
Duerme ocho horas, olvida el café.
Ni un cigarrillo, ni chocolate,
mucha ensalada, qué disparate...

Viva la gimnasia, abajo el estrés,
viva el deporte, y un, dos, tres...
¡Qué fuertes somos! ¡Qué sanos estamos!
¡Dios mío, qué duro! ¡Cómo nos cuidamos!

Vamos, vamos. Un, dos, tres...
Izquierda, derecha.
Y un, dos, y un dos...

Come mucha fibra, no bebas alcohol.
Échate la siesta, no al colesterol.
Nada de grasa, ni golosinas,
una buena dieta, muchas vitaminas.

Viva la gimnasia, abajo el estrés,
viva el deporte, y un, dos, tres...
¡Qué fuertes somos! ¡Qué sanos estamos!
¡Dios mío, qué duro! ¡Cómo nos cuidamos!

CONTENIDOS LINGÜÍSTICOS

▶ Partes del cuerpo y movimiento

- *Arriba los **brazos**.*
- *Dobla las **rodillas**.*

▶ Imperativo

Afirmativo

- *Gira todo el cuerpo,*
  mueve las caderas.

Negativo

- *No comas de pie.*

▶ Hábitos y salud

- *Nada de grasas, ni golosinas ...*

NOTAS CULTURALES

Vida sana. La transformación social de España en las últimas décadas también ha influido en los hábitos cotidianos de los españoles: el ejercicio físico y la alimentación son cuestiones que actualmente preocupan a casi todo el mundo. El afán por llevar una vida sana se refleja en la proliferación de gimnasios y clubs deportivos y en el aumento de restaurantes alternativos, vegetarianos o naturistas, que hasta hace bien poco eran difíciles de encontrar, incluso en las grandes ciudades. Además, también son cada vez más populares ejercicios o tratamientos como el yoga, el tai chi, la acupuntura o la medicina alternativa.

PROPUESTAS

 **ANTES**

1 **¿QUÉ ES?** ✂ *pág. 66*

Antes de escuchar la canción, prepararemos el vocabulario. Recortaremos las tarjetas y las repartiremos a los alumnos. Si no saben qué quiere decir la palabra de su tarjeta pueden buscar el significado en el diccionario o bien preguntárselo a su compañero o al profesor. Luego, cada uno intentará describir su tarjeta haciendo mímica. Los demás tendrán que adivinar de qué se trata. A medida que vaya apareciendo el vocabulario lo apuntaremos en la pizarra.

Tarjetas:

el brazo	tocar	el pie
doblar	la espalda	girar
la cadera	la cintura	derecha
izquierda	el deporte	fuerte
arriba	golosinas	abajo
estar de pie	echar la siesta	la dieta

Nota: Hay 18 tarjetas. Si tiene un número de alumnos inferior a 18, alguno de ellos recibirá más de una tarjeta. En caso de que sea superior a 18, podemos dividir la clase en 2 grupos.

2 **¿QUÉ ES QUÉ?** ✂ *pág. 67*

A continuación les repartiremos la fotocopia con los dibujos. Les pediremos que relacionen las palabras anteriores con el dibujo correspondiente.

DURANTE

3 Explicaremos a los alumnos que estas palabras forman parte de la letra de una canción. A continuación, en parejas, deberán pensar en un posible título y decir de qué creen que trata la canción. Luego, haremos una puesta en común y finalmente escucharemos la canción para comprobar si sus suposiciones son acertadas.

4 Entregaremos la copia de la letra y entre todos decidiremos qué gestos pueden acompañar cada una de las frases.

Ejemplo: Arriba los brazos (todos levantamos los brazos).

Después nos pondremos todos de pie y volveremos a escuchar la canción, pero esta vez la acompañaremos con nuestros gestos.

⏩ DESPUÉS

5 A partir de la letra tendrán que escribir una lista con todas las recomendaciones para llevar una vida sana incluidas en la canción. Después las escribiremos todas en la pizarra.

Ejemplo: Hacer gimnasia.

Solución:

▶ Hacer gimnasia, tomar mucha agua, no comer de pie, dormir ocho horas, no tomar café, no fumar, no comer chocolate, comer mucha ensalada, comer mucha fibra, no beber alcohol, echar la siesta, no comer grasa, no comer golosinas, hacer una buena dieta, tomar muchas vitaminas

6 **A.** En grupos comentarán cuáles de esas recomendaciones siguen ellos habitualmente y cuáles no. Después haremos una puesta en común.

B. Les pediremos que piensen en otras formas de mantenerse en forma para ampliar la lista. A continuación, haremos una puesta en común.

 Karaoke (Actividad opcional)

Ahora cantaremos juntos la canción, pero además la acompañaremos con los gestos que ya hemos practicado.

CANCIÓN

6

LA REINA DEL ROCK

Ha estudiado en Oxford.
Se ha doctorado en París.
Tiene un master en marqueting,
piensa en inglés y sabe latín.

De la bolsa sabe un montón
y ha vivido en Hong Kong.
Está en las fiestas de la jet marbellí
y a veces sale por la televisión.

Pero ella quiere ser
una estrella del rock and roll.
Pero ella quiere ser
una estrella del rock and roll.

Navega por Internet,
tiene muchos amigos en la red.
Es conocida en Wall Street.
Sabe vender en ruso y en francés.

Al piano sabe tocar
Falla, Schubert y Mozart.
Juega al golf y al ajedrez.
Es, sin duda, "una chica diez".

Pero ella quiere ser
una estrella del rock and roll.
Pero ella quiere ser
una estrella del rock and roll.

Y la noche del viernes
cambia de chaqueta y de "look"
y en la calle Montera
canta y baila en un club.
Y entonces ella es
la reina del rock and roll.
Y entonces ella es
la reina del rock and roll.

CONTENIDOS LINGÜÍSTICOS

▶ **Pretérito Perfecto**

- *Ha estudiado en Oxford.*

▶ **Saber** + Infinitivo

- *Sabe vender en ruso y en francés.*

NOTAS CULTURALES

Doctorarse. En España para ser doctor es necesario haber acabado una carrera, ser licenciado, hacer un curso que dura por lo general dos años y, finalmente, escribir y defender una tesis ante un tribunal. Normalmente se tarda unos cinco años en acabarla.

Saber latín. Expresión que significa que una persona es muy astuta y lista.

La jet marbellí. Los ricos y famosos que suelen vivir o pasar sus vacaciones en Marbella, una ciudad turística en la Costa del Sol, en el sur de España.

Falla. (Manuel de) Compositor (Cádiz 1876 - Alta Gracia, Argentina, 1946). Sin duda el más universal de los músicos españoles. Fue un gran estudioso del folclore español. Compuso, entre otras obras, *El amor brujo, El sombrero de tres picos* y *Noches en los jardines de España.*

Calle Montera. Céntrica y concurrida calle de Madrid, que va desde la Puerta del Sol hasta la Gran Vía, en la que hay bares y clubs nocturnos.

Look. Palabra inglesa muy extendida actualmente para expresar la imagen o la manera de vestir de una persona.

PROPUESTAS

ANTES

1 CUESTIONARIO (✂ *págs. 68 y 69*)

En la letra de "La reina del rock" hay una serie de cuestiones culturales y expresiones que los alumnos necesitarán conocer para comprender la canción. En los ejercicios fotocopiables hay un cuestionario (pág. 68), así como las tarjetas con las soluciones de las preguntas (pág 69). Recortaremos las tarjetas y las repartiremos entre los alumnos de forma que cada uno tenga, como mínimo, la solución a una de las preguntas. Luego, les entregaremos el cuestionario y les pediremos que intenten responder a las preguntas individualmente. Si no saben algunas respuestas, pueden preguntar a sus compañeros de clase. Finalmente haremos una puesta en común.

DURANTE

2 ESTROFAS DESORDENADAS (✂ *pág. 70*)

Tras haber advertido a los alumnos, les proporcionaremos la letra de la canción con las estrofas desordenadas. Primero pondremos la canción y les pediremos que identifiquen cuál es la estrofa que se repite (el estribillo). Después pondremos la canción otra vez y mientras la escuchan tendrán que ordenar las estrofas. Finalmente, les pediremos que adivinen cuál es el título de la canción.

Solución:

▶ Estribillo: estrofa C
Orden de las estrofas: 1. D, 2. A, 3. C, 4. B, 5. F, 6. C, 7. E
Título de la canción: "La reina del rock"

▶▶ DESPUÉS

3 LA REINA DEL ROCK (✂ *pág. 71*)

Ahora podemos aprovechar para hablar un poco sobre el personaje preguntándonos las siguientes cuestiones:

¿Qué hace los fines de semana? ¿Por qué?
¿Cuál es su profesión durante la semana?
¿Cómo te la imaginas: edad, aspecto físico, ropa que lleva, carácter?

4 BREVE CURRÍCULUM (✂ *pág. 71*)

Repartiremos entre los alumnos un modelo de currículum y les pediremos que lo completen con la información contenida en la canción. Les animaremos a que imaginen la información que les falta (el nombre, el lugar y fecha de nacimiento, la dirección, etc.).

CURRÍCULUM VITAE

Nombre: (*propuesta del alumno*)
Lugar de nacimiento: (*propuesta del alumno*)
Fecha de nacimiento: (*propuesta del alumno*)
Dirección: (*propuesta del alumno*)

Estudios: estudios (*propuesta del alumno*)
en la Universidad de Oxford
doctorado en París
master en marqueting

Idiomas: inglés, ruso, francés, latín, español

Experiencia laboral: trabajos en la bolsa

Ocupación actual: (*propuesta del alumno*)

Otros: cantante de rock

5 Ahora, a modo de juego, les pediremos que escriban en un trozo de papel cuál es su vocación oculta: **Quiero ser...**, **Me gustaría ser...** Recogeremos todos los papeles y, uno a uno, los alumnos intentarán adivinar quién ha escrito cada cosa.

Karaoke (Actividad opcional)

Los alumnos pueden cantar juntos la canción o bien dividirse en cinco grupos (A, B, C, D, E) y cantar la canción de esta forma.

1ª estrofa: grupo A
2ª estrofa: grupo B
3ª estrofa: A, B, C, D y E
4ª estrofa: grupo C
5ª estrofa: grupo D
6ª estrofa: A, B, C, D y E
7ª estrofa: grupo E

7

LA PÓCIMA SECRETA

Si la quieres enamorar,
si la quieres de verdad,
aquí tienes la receta
de una pócima secreta.
Es muy fácil,
ya verás, sí.
Es muy fácil,
ya verás.

Si la quieres enamorar,
si la quieres de verdad,
aquí tienes la receta
de una pócima secreta.
Es muy fácil,
ya verás, sí.
Es muy fácil,
ya verás.

Un poquito de comprensión,
cien gramos de dulzura,
añadir mucha ternura
y nada más, sí,
que la verdad.

Y dicen las viejas
que si echas también penas,
soledades y otras hierbas,
y las mezclas muy bien,
los amores duran
y saben a miel.

Echar sorpresa y emoción
y un poquito de aventura
y tres cuartos de locura
y nada más, sí,
que la verdad.

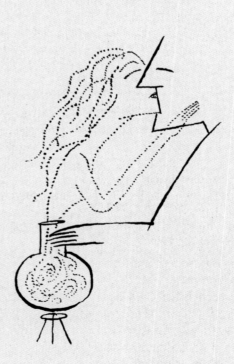

Nada de monotonía
ni un poquito de rutina,
medio kilo de pasión
y nada más que la verdad.

CONTENIDOS LINGÜÍSTICOS

▶ Expresar una condición (**si** + Presente, Presente)

- *Si la **quieres** de verdad,
  aquí **tienes** la receta...*

▶ Pesos

- ***Cien gramos** de dulzura.*
- ***Tres cuartos** de locura.*
- ***Medio kilo** de pasión.*

▶ Adverbios de cantidad

- ***Un poquito** de comprensión.*

▶ **Nada..., ni...**

- ***Nada** de monotonía
  ni un poco de rutina.*

NOTAS CULTURALES

Pócimas y bebidas medicinales. En las zonas rurales todavía está muy extendida la práctica de los remedios caseros o, vulgarmente llamados, "remedios de la abuela". En las ciudades, aunque todavía existen un gran número de herboristerías, muchas de ellas centenarias, actualmente es en la farmacia donde se suministran las recetas de los médicos y donde mucha gente hace pequeñas consultas.

La música latina. La rumba, el cha cha chá, el pasodoble, el merengue, etc., son ritmos que han experimentado un proceso diferente al de las músicas tradicionales de otros países. A partir de los años setenta, la música latina no sólo continúa bailándose en sus países de origen, sino que se ha vuelto a poner de moda y se ha popularizado en todo el mundo.

PROPUESTAS

◀ ANTES

1 Empezaremos la actividad escribiendo en la pizarra "p - - - - a" (pócima). Los alumnos tendrán que poner las letras que faltan. Después comentaremos qué significa esta palabra.

2 Les explicaremos a los alumnos que escucharán una canción sobre una receta de una pócima muy especial. Haremos una lista en común sobre las posibles utilidades de una pócima.

Ejemplo: curar una enfermedad, quitar un mal de ojo, tener más fuerza, envenenar a alguien, enamorar a alguien, desenamorar a alguien, atraer la buena suerte, etc.

▶ DURANTE

3 Escucharán la canción (o una parte) para comprobar para qué sirve esta pócima secreta.

Solución:

▸ Para enamorar a una persona.

4 INGREDIENTES (✂< _pág. 72_)

Pondremos la canción otra vez y les pediremos que anoten las cantidades de los ingredientes: comprensión, dulzura, ternura, aventura, locura, monotonía, pasión.

Solución:

▸ 1. un poquito de comprensión
2. cien gramos de dulzura
3. mucha ternura
4. un poquito de aventura
5. tres cuartos de locura
6. nada de monotonía
7. medio kilo de pasión

5 Volveremos a poner la canción. Esta vez tendrán que anotar qué otros ingredientes contiene la receta.

Solución:

▶ la verdad
la sorpresa
la emoción
la rutina
las penas
las soledades

▶▶ DESPUÉS

6 TRES INGREDIENTES PARA ENAMORAR (✂ *pág. 72*)

Individualmente, tienen que decidir cuáles de los siguientes ingredientes son los tres más importantes para enamorar a una persona (si les parece necesario, pueden añadir otros que no estén en la lista):

MONOTONÍA
COMPRENSIÓN
PASIÓN
TERNURA
SORPRESA
AVENTURA

7 A continuación, en parejas, intentarán defender su postura ante su compañero. Tienen que llegar a un acuerdo.

8 Formaremos grupos de cuatro (dos parejas) y les pediremos que intenten convencer a la otra pareja de que sus ingredientes son los más importantes para enamorar a una persona.

9 Finalmente haremos una puesta en común con toda la clase para decidir cuáles son los tres ingredientes más importantes para enamorar a una persona. Cada grupo deberá argumentar sus decisiones e intentar convencer a sus compañeros.

Karaoke (Actividad opcional)

Les entregaremos la letra de la canción para que, en grupos, la utilicen como modelo para escribir la receta de una pócima que sirva para otra cosa (aprobar un examen, ser rico, ser famoso, desenamorar a alguien...).

Después, podemos poner la versión karaoke y cada grupo puede cantar su canción.

Nota: También puede ser un ejercicio individual para hacer en casa.

CANCIÓN

8

EL TREN DE LA VIDA

¿Qué hora es?
Ya son las seis y diez.
Hay que levantarse, ir a trabajar.
Un café con leche,
no hay tiempo para más.
Deprisa, deprisa.
El tren de las siete,
se te va a escapar.

¿Qué hora es?
Ya son las ocho y seis.
Tienes una cita con el director.
La junta va a empezar
y hay que quedar bien.
Deprisa, deprisa.
El tren de la vida
se te va a escapar.

¿Qué hora es?
Ya son las tres y tres.
Hoy comes bocata, de pie en un bar,
y el móvil que suena
una y otra vez.
Deprisa, deprisa.
El tren de la vida
se te va a escapar.

Pero un día una mujer
morena, de ojos tristes,
te dice en un café:

No eres tan importante
porque lleves un Cartier.
Y tu traje de Armani
no te sienta nada bien.
Vente conmigo hacia el sur.
Salgo en el tren de las dos.
A vivir, que son dos días.
Ya sabes, lo dice el refrán.

¿Qué hora es?
¡Y yo qué sé!
Te miras al espejo,
y preguntas otra vez:
¿quién sabe a qué hora
sale ese tren?
Deprisa, deprisa.
El tren de la vida
se te va a escapar.

CONTENIDOS LINGÜÍSTICOS

▶ La hora

- *¿Qué hora es?*
  *Ya **son las seis y diez.***

▶ **Hay que** + Infinitivo

- ***Hay que** levantarse, ir a trabajar.*

▶ **Ir a** + Infinitivo

- *El tren de la vida se te **va a** escapar.*

NOTAS CULTURALES

El desayuno. En España se empieza el día con un desayuno ligero que suele consistir en un café con leche y unas galletas, o algo similar. Mucha gente desayuna, muchas veces de pie, en el bar que tiene más cerca de casa o del trabajo. A menudo, se hace una pausa a media mañana para tomar algo más consistente.

La comida. En general, la comida más importante del día para los españoles es el almuerzo, que se toma normalmente hacia las dos del mediodía. En las ciudades es común ir a comer en algún restaurante próximo al lugar de trabajo. El menú suele constar de dos platos, postre y, por supuesto, un café después.

El bocata. Los sandwiches en España normalmente se llaman "bocadillos" y más recientemente "bocatas". La base del bocadillo es el pan, que puede ir acompañado de ingredientes muy variados: jamón, queso, tortilla, calamares, etc. Fríos, calientes, con mantequilla, con tomate o con aceite, pueden sustituir a cualquier comida.

El calendario laboral. El horario laboral en España es, por término medio, de 8 horas diarias. Un trabajador suele tener un mes de vacaciones al año. La temporada de vacaciones suele concentrarse en los meses de verano, especialmente en agosto. Durante esta época, las costas españolas y otros lugares turísticos están repletos de gente y las plazas hoteleras suelen estar al completo.

PROPUESTAS

ANTES

1 UNA HISTORIA ✂< *pág. 73*

Entregaremos a los alumnos la fotocopia con los dibujos que ilustran el contenido de la canción. Sin haber escuchado previamente la canción tendrán que intentar explicar qué le pasa al protagonista de la historia.

DURANTE

2 EL TREN DE LA VIDA ✂< *pág. 74*

Les entregaremos la letra de la canción desordenada. Para ordenarla, tendrán que relacionar cada estrofa con su dibujo correspondiente.

Solución:

▶ Dibujo 1: B
Dibujo 2: F
Dibujo 3: C
Dibujo 4: E
Dibujo 5: A
Dibujo 6: D

3 Ahora les pondremos la canción para que comprueben si han hecho la actividad anterior correctamente.

▶▶ DESPUÉS

4 Puede ser interesante comentar con los alumnos qué creen que significa la frase "el tren de la vida se te va a escapar" y qué importancia le dan ellos al dinero. También pueden discutir si el dinero da la felicidad.

5 El protagonista de la canción vivía estresado, exclusivamente dedicado al trabajo. Podemos comentar con los alumnos qué tipo de cosas o situaciones les causan estrés y qué hacen para solucionarlo.

Karaoke (Actividad opcional)

Para poder cantar la canción en versión karaoke es necesario volver a escuchar la versión cantada como mínimo otra vez.

CANCIÓN

9

Y ES QUE HACE TANTO CALOR

Salgo a la calle,
es casi de noche.
Sigo de frente
hasta Alcalá.
No sé adónde ir.
Quizá tomo una caña
con un colega
en "José Luis".

Y es que hace tanto calor...

En una terraza
de Castellana,
he visto a un viejo amor.
No digo ni hola,
lo siento,
prefiero tomar
otro cubata o dos.

Y es que hace tanto calor...

Todavía
hay gente
en la Plaza Mayor.
Y eso que el sol
ya está saliendo.
Un poeta y
dos mendigos,
bailando un vals.

Y es que hace tanto calor...

Un yonki
en un rincón
se despide, en silencio,
de la vida.
Una chica
bonita
pasa y ni me mira.
Demasiada soledad.

Y es que hace tanto calor...

Un travesti
junto a una farola
me llama sin interés.
Dicen que es
una noche loca
la de Madrid,
ya lo ves.

Y es que hace tanto calor...

Tomo un taxi.
Calle del Barco, 20.
Siga de frente
hasta el final.
Mejor será acostarse
solo y
de mal humor.

Y es que hace tanto calor...

CONTENIDOS LINGÜÍSTICOS

▶ El día

- *Es casi **de noche**.*

▶ **Quizá**

- ***Quizá** tomo una caña*

▶ **Tanto** (adverbio)

- *Y es que hace **tanto** calor*

▶ **Todavía**

- ***Todavía**
  hay gente
  en la Plaza Mayor.*

▶ **Estar** + Gerundio

- *Y eso que el sol
  ya **está saliendo**.*

▶ Indicar una dirección

- ***Siga de frente
  hasta el final**.*

NOTAS CULTURALES

Salir en España. En España, la gente suele salir muy tarde. En general, se empieza cenando o tomando unas tapas a partir de las 9 ó 10 de la noche. Después se puede continuar de bares hasta las 3 de la mañana, que es cuando normalmente cierran. Los que tienen ganas de seguir la fiesta pueden ir a una discoteca, que suelen estar abiertas hasta las 5 o las 6 de la mañana. En las grandes ciudades existen locales que abren a partir de ese momento; se les llama, como en inglés, "after hours". No es recomendable ir a una discoteca antes de las 2 de la mañana, a no ser que queramos estar solos.

Las temperaturas en España. Al contrario de lo que se suele pensar, las temperaturas varían mucho en función de la zona geográfica. En el norte de España tienen un clima atlántico, las temperaturas son similares a las de cualquier país del norte de Europa y llueve con frecuencia. En la costa mediterránea el clima es más cálido y los inviernos suelen ser bastante suaves. En Madrid, situado en el interior, los veranos son extremadamente calurosos y los inviernos fríos.

Las terrazas. Cuando empieza a llegar el buen tiempo, muchos bares colocan mesas en la calle. En verano las terrazas se convierten, a menudo, en los puntos de encuentro y de ocio preferidos por mucha gente.

Alcalá. Una de las calles más famosas e importantes de Madrid. Entre otros edificios y monumentos importantes en esta calle se encuentran la Real Academia de Bellas Artes de San Fernando, el Teatro Español, la Fuente de la Cibeles y la popular Puerta de Alcalá.

La Castellana. Es una inmensa avenida de Madrid donde en verano se suelen instalar muchas terrazas muy frecuentadas por los madrileños. De noche es una de las zonas más animadas y elegantes de la ciudad.

José Luis. Es una cadena de bares que suelen estar situados en barrios burgueses. La comida más característica de estos locales son las tapas y los bocadillos.

PROPUESTAS

◀◀ ANTES

1 Y ES QUE HACE TANTO CALOR (✂ *pág. 75*)

Les proporcionaremos a los alumnos el texto de la canción con las estrofas desordenadas y les pediremos que subrayen todas las palabras que creen que hacen referencia a lugares concretos de Madrid.

Nota: Les pediremos que hagan sólo la primera actividad. La número 2 la harán después.

Solución:

▶ Alcalá, "José Luis", la Castellana, la Plaza Mayor, la calle del Barco.

2 PALABRAS EN CONTEXTO (✂ *pág. 76*)

Ahora trabajaremos algunas palabras que pueden resultarles difíciles de entender y que probablemente no vayan a encontrar en su diccionario. Algunas tienen un uso un tanto coloquial. Para esta actividad necesitarán la letra de la canción que les hemos entregado en la actividad anterior. El objetivo es que por el contexto puedan deducir el significado de estas palabras.

Solución:

▶ 1. c, 2. a, 3. b, 4. a, 5. b, 6. c

▶ DURANTE

3 Y ES QUE HACE TANTO CALOR (✂ *pág. 75*)

Volveremos a utilizar la letra de la canción que les hemos entregado en la actividad 1. Ahora tienen que decidir cuál creen que es la primera estrofa y cuál la última y a partir de qué frases lo han podido deducir.

4 Ahora pueden escuchar la canción para comprobar sus resultados.

5 Volveremos a escuchar la canción, pero esta vez tendrán que ordenar el resto de las estrofas.

▶ DESPUÉS

6 Les pediremos que comparen cómo es salir una noche en su ciudad con la noche que pasa el protagonista de la canción.

7 (Opcional)
Con la letra de la canción tendrán que decidir si el protagonista de la canción ha salido porque hace mucho calor o porque es lo que hace normalmente. En realidad aquí no hay una única solución, se trata de que el alumno (o el grupo) profundize en el significado de la letra y justifique su elección.

 **Karaoke** (Actividad opcional)

Dividiremos la clase en dos grupos. Con la letra de la canción como modelo pediremos a los alumnos que cambien la letra de la canción, sustituyendo Madrid por una ciudad de alguien del grupo u otra que conozcan.

Después cada grupo cantará su canción.

CANCIÓN

BUENOS DÍAS, SEÑOR PRESIDENTE

Buenos días, señor Presidente.
Aquí un servidor, un ciudadano.
Le presento a mi mujer
y a mi vecina Sara,
al tío Damián
y a mi suegra, doña Clara.
Éste es mi padre,
y ése un señor
que he conocido en el ascensor.

Buenos días, señor Presidente.
Perdón, no quería molestar,
sólo decirle que somos
y que estamos,
y cómo nos llamamos.

Buenas tardes, señor Presidente.
Aquí un servidor, un ciudadano.
Le presento a Manuel,
es muy buen compañero,
y a su mujer Pilar
y a mi amigo, don Genaro,
y ésta es la Carmen,
una señora
que vive en el tercero.

Buenas tardes, señor Presidente.
Perdón, no quería molestar
sólo decirle que somos
y que estamos,
y cómo
nos llamamos.

Buenas noches, señor Presidente.
Aquí un servidor, un ciudadano,
le presento a Javier
y a mi amiga Elena,
y al primo Iván
y a mi hija, la pequeña.
A mi cuñada Rita
y a ese señor
que he conocido en una peña.

Buenas noches, señor Presidente.
Perdón, no quería molestar,
sólo decirle que somos,
que nos vamos
y cuánto
le queremos.

Vamos pues ya compañeros,
adiós, que molestamos,
nosotros ya le hemos dicho
quiénes somos.
Ya sabe
que existimos.

CONTENIDOS LINGÜÍSTICOS

▶ Saludar y despedirse

- ***Buenos días***, *señor Presidente.*
- ***Buenas tardes***, *señor Presidente.*
- ***Buenas noches***, *señor Presidente.*
- ***Adiós***, *que molestamos.*

▶ Formas de tratamiento

- *Buenos días,* **señor** *Presidente.*
- *… y a mi suegra,* **doña Clara**.
- *… y a mi amigo* **don** *Genaro.*

▶ Relaciones

- *Le presento a mi* **mujer**
  y a mi **vecina** *Sara,*
  al **tío** *Damián.*

▶ Presentaciones

- ***Le presento*** *a Manuel.*
- ***Éste es*** *mi padre.*
- ***Aquí*** *un servidor, un ciudadano.*

▶ Disculparse

- ***Perdón,*** *no quería molestar.*

NOTAS CULTURALES

Qué hacer en una presentación. No es fácil decir qué se debe o no se debe hacer en estas situaciones. Quizá, lo más conveniente sería actuar según nuestra intuición y costumbre. En cualquier caso, y para que no haya sorpresas, en España lo normal es darse un beso en cada mejilla cuando a una mujer le presentan a alguien (ya sea hombre o mujer); también se pueden dar la mano, si es una presentación formal. Entre hombres lo normal es darse la mano.

Don y doña. Estas formas de tratamiento van normalmente acompañadas por el nombre de pila. En España siguen hoy en día en vigencia aunque están en progresivo desuso.

La Carmen. Aunque no se considera correcto poner un artículo delante del nombre de una persona, es de uso frecuente en algunas zonas de España.

Una peña. Grupo de amigos que comparten una misma afición y suelen tener un local donde reunirse.

Un servidor. Expresión que en España está en desuso y que normalmente se usa para referirse a uno mismo. Denota cierto servilismo. También se usaba en la escuela la expresión "servidor/ora" para contestar al profesor cuando pasaba lista.

PROPUESTAS

◀ ANTES

1 TUS PARIENTES Y CONOCIDOS (✂ *pág. 77*)

Entregaremos una fotocopia de "Tus parientes y conocidos". Tendrán que rellenar los recuadros con el nombre de los miembros de su familia y conocidos que se les indica.

2 Pediremos a uno o a dos de nuestros alumnos que nos presenten a su familia y a sus conocidos.

▶ DURANTE

3 Antes de la audición, introduciremos a los alumnos en el tema de la canción: hay una persona que presenta a sus parientes y círculo de conocidos al Presidente. Después de escuchar toda la canción, nuestros alumnos tendrán que decirnos cuántas personas han sido presentadas al Presidente.

4 TRES DESCRIPCIONES (✂ *pág. 77*)

Les daremos tres descripciones que resumen el contenido de la canción. Primero tienen que leerlas atentamente. Después, les ponemos la canción para que decidan cuál de las descripciones se ajusta más al contenido de la canción.

Solución:

▶ 2

▶ DESPUÉS

5 Les pediremos a los alumnos que escriban una carta al Presidente de su país. Antes tendrán que decidir cuál es el motivo de su carta: felicitación, reclamación, petición, etc.

Solución:

▶ 16

 Karaoke (Actividad opcional)

Si tenemos un grupo monolingüe, podemos pedir a nuestros alumnos que traduzcan la letra de la canción a su idioma (también los nombres de las personas) y que después intenten cantarla con la versión karaoke.

Si el grupo no es monolingüe, pueden adaptar la letra de la canción y presentarle al Presidente las personas de la clase.

11

Y LUEGO PASARON DÍAS...

Fue un día gris del 62.
Lo recuerdo muy bien.
Casi sin decir adiós, sino hasta luego,
dejaste ese pueblo blanco
y a Lucía en el andén.

Y luego pasaron días,
meses y años.
Qué lejos estaba ese pueblo blanco
donde las niñas bailaban
entre geranios
y los patios olían
a menta y a nardo.

Tú eras tan joven.
Erais muchos en ese tren
que iba hacia el norte,
a Bilbao, a Barcelona,
a Toulouse, Hamburgo
o Amsterdam,
¡qué más da!
Lejos de esos olivos
que no daban para tantos.

Las noches eran largas en esa ciudad.
Era algo más que soledad.
Llegaban pocas cartas
y poco a poco te olvidabas
de los labios de Lucía
y del olor de la menta
y de los nardos,
y de los patios blancos.

Y luego pasaron días,
meses y años.
Qué lejos estaba ese pueblo blanco

donde las niñas bailaban
entre geranios
y los patios olían
a menta y a nardo.

Fue un día claro del 75.
¡Lo recuerdo tan bien!
Cuando volviste a casa
nada era lo mismo.
Lucía no te esperaba en el andén.
Y en el pueblo había
luces de neón.
Y las niñas en los patios
bailaban en inglés.

Y luego pasaron días,
meses y años.
Qué lejos estaba ese pueblo blanco
donde las niñas bailaban
entre geranios,
y los patios olían
a menta y a nardo.

CONTENIDOS LINGÜÍSTICOS

▶ Relatar y situar acontecimientos (Pretérito Indefinido)

- *Casi sin decir adiós, sino hasta luego, **dejaste** ese pueblo.*
- ***Fue** un día gris del 62.*

▶ Describir circunstancias y hábitos (Pretérito Imperfecto)

- ***Erais** muchos en ese tren que **iba** hacia el norte.*
- *… donde las niñas **bailaban** entre geranios y los patios **olían** a menta.*

▶ Contraste Pretérito Indefinido/Pretérito Imperfecto

- *Cuando **volviste** a casa nada **era** lo mismo.*

NOTAS CULTURALES

La emigración en España. Los años sesenta en España estuvieron marcados por grandes cambios sociales. Las diferencias entre la calidad de vida del campo y la ciudad se acentuaron. La concentración del despegue económico en grandes áreas industriales urbanas atrajo a cientos de miles de campesinos a las ciudades. Al mismo tiempo, la apertura del país al exterior empujó a otros muchos a una dura emigración laboral a los países de norte de Europa. Casi tres millones de personas abandonaron sus tierras en Andalucía, Extremadura, Castilla, Galicia y Aragón para buscar una vida mejor en zonas de mayor desarrollo industrial.

La vida en el pueblo había dejado a casi todos una herencia cultural que constituía la base de su propia identidad. Aquellos que encontraron trabajo en zonas del país como Madrid, Barcelona o el País Vasco podían volver a sus pueblos en vacaciones, mientras que, los que habían tenido que marcharse al extranjero, tuvieron que aprender a vivir sin poder mantener contacto con su cultura debido a la distancia y al coste del viaje. Muchos de ellos volvieron al cabo de los años para encontrarse con una sociedad muy distinta a la que dejaron atrás.

Los pueblos del sur de España. A diferencia de otras zonas del norte de Europa o de España, en el sur abundan los pueblos con casas blancas. En el interior de la mayoría de estos edificios suele haber un patio, el lugar más fresco de la casa, que es el punto de reunión para pasar el rato en familia durante los calurosos días de verano. Es un espacio que suele estar decorado con azulejos, plantas y flores olorosas como la menta, los geranios, los nardos o el jazmín.

Igual que en otras zonas del Mediterráneo, uno de los paisajes más frecuentes del sur de España son los campos de olivos, que pueden ocupar enormes extensiones de terreno.

PROPUESTAS

◀ ANTES

① LA HISTORIA DE MANUEL (✂ *pág. 78*)

Para situar el tema de la emigración, pediremos a los alumnos que lean el texto sobre la vida de Manuel, un hombre que emigró a Hamburgo en los años sesenta y que volvió a España a finales de los setenta. El texto está desordenado. Los alumnos tendrán que ordenarlo.

Solución:

▶ A, D, C, B, G, F, E

② Preguntaremos a los alumnos si conocen a alguien que haya tenido una experiencia similar, alguien que haya dejado su país por motivos económicos, políticos o personales. También puede ser interesante preguntar si alguno ha vivido fuera de su país durante una larga temporada y hablar sobre qué echaban de menos y qué experiencias tuvieron.

▶ DURANTE

③ Y LUEGO PASARON DÍAS   (✂ *pág. 79*)

Ahora van a escuchar la canción. Les explicaremos que la letra trata sobre un hombre que tiene una experiencia parecida a la de Manuel. Previamente deberán leer el ejercicio y fijarse en el vocabulario para asegurarse de que lo entienden todo. El ejercicio consiste en identificar cuál de las tres opciones es la correcta.

Solución:

▶ 1. 1962, 2. un pueblo, 3. Lucía, 4. menta, 5. tren, 6. olivos, 7. 1975, 8. no lo esperaba, 9. diferente

▶▶ DESPUÉS

④ LA VIDA DE...   (✂ *pág. 80*)

Les entregaremos una copia de la letra de la canción. A partir de ella, escribirán un texto sobre la vida de este hombre; tendrán que imaginar su vida en el pueblo, por qué se fue, cómo era su vida en la ciudad, por qué volvió, qué cambios encontró en su pueblo y qué pasó después.

Esta actividad puede realizarse individualmente (en casa), o bien pueden hacerla en la clase en parejas.

⑤ (Opcional)
El pueblo del protagonista de la canción ha sufrido algunos cambios. Vamos a pedir a los alumnos que los comenten y opinen. ¿Creen que han repercutido positiva o negativamente en la calidad de vida de sus habitantes?

Karaoke (Actividad opcional)

1. En todos los países en algún momento de su historia ha habido gente que, por algún motivo, ha tenido que emigrar. Les pediremos a los alumnos que sustituyan al protagonista de la historia por un emigrante de su país. Tendrán que imaginar cuándo se fue, dónde fue, cómo era el lugar que dejaba atrás, si volvió o no...

2. Tomando como modelo la letra de la canción, la reescribirán basándose en su historia.

3. Con la música de fondo los alumnos recitan su canción.

Nota: Si la clase es muy numerosa, esta actividad pueden hacerla en parejas o grupos (cada alumno recitará una parte) o también se pueden exponer las letras y entre todos decidir cuáles son las tres mejores.

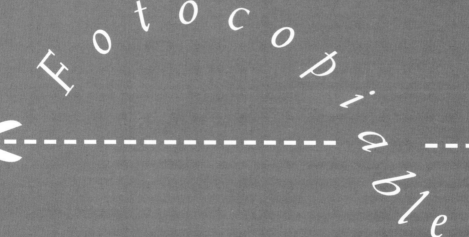

Ejercicios

Fotocopiables

PERSONAS FAMOSAS

¿Sabes cuál es el nombre de estos personajes? Pon el nombre que corresponde en cada recuadro.

Antonio   Isabel   Salvador

Montserrat   Frida   Federico

Carlos   Gabriel   Pedro

1_____ Kahlo

2_____ Dalí

3_____ Caballé

4_____ Almodóvar

5_____ Banderas

6_____ Allende

7_____ García Márquez

8_____ Moyá

9_____ García Lorca

NOMBRES, NOMBRES

En el recuadro de nombres de hombre hay tres que son de mujer y en el de nombres de mujer hay tres que son de hombre. Búscalos y ponlos en la lista adecuada. ¿Sabes otros? En parejas intentad añadir más nombres.

NOMBRES DE HOMBRE ♂

Jorge, Ángel, Pilar,
Jesús, Emilio,
José María, Tomás, Ana,
Mercedes, Alberto

NOMBRES DE MUJER ♀

Joaquín, Cecilia, África,
Esteban, Rosa, Sebastián,
Montserrat, Juana,
Consuelo, Nieves

PEPE ES JOSÉ

Vuelve a escuchar la canción y relaciona los nombres de la columna de la izquierda con los de la derecha. Después, compara con tu compañero. ¿Necesitas escuchar la canción otra vez?

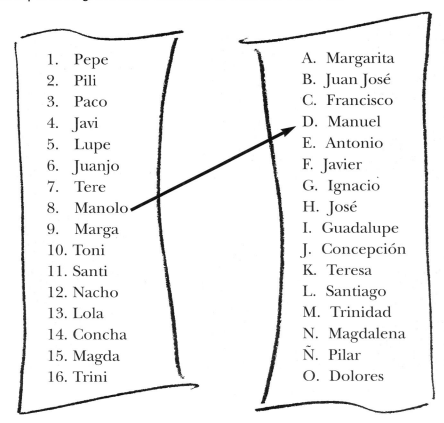

1. Pepe
2. Pili
3. Paco
4. Javi
5. Lupe
6. Juanjo
7. Tere
8. Manolo
9. Marga
10. Toni
11. Santi
12. Nacho
13. Lola
14. Concha
15. Magda
16. Trini

A. Margarita
B. Juan José
C. Francisco
D. Manuel
E. Antonio
F. Javier
G. Ignacio
H. José
I. Guadalupe
J. Concepción
K. Teresa
L. Santiago
M. Trinidad
N. Magdalena
Ñ. Pilar
O. Dolores

¿QUIÉN ES QUIÉN?

En parejas.

Alumno A

Tú conoces a estas cuatro personas y tu compañero conoce a las cuatro de abajo. Vuestro objetivo será averiguar toda la información que os falte. Por turnos, formulad preguntas usando los datos que tenéis en el recuadro.

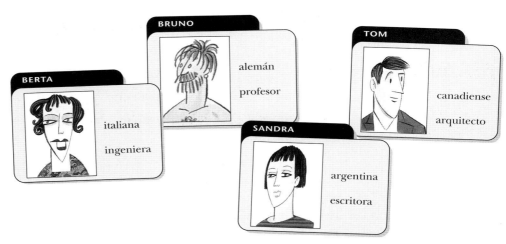

Ejemplo:
● ¿Es francesa?
○ No.
● ¿Es americana?

inglés/esa
americano/a
francés/esa
brasileño/a

camarero/a
abogado/a
cantante
periodista

JULIA

FRED

WALTER

GLORIA

¿QUIÉN ES QUIÉN?

En parejas.

Alumno B

Tú conoces a estas cuatro personas y tu compañero conoce a las cuatro de abajo. Vuestro objetivo será averiguar toda la información que os falte. Por turnos, formulad preguntas usando los datos que tenéis en el recuadro.

JULIA — inglesa, abogada

FRED — francés, camarero

WALTER — brasileño, periodista

GLORIA — americana, cantante

Ejemplo:
- ● ¿Es alemana?
- ○ No.
- ● ¿Es canadiense?

argentino/a
italiano/a
alemán/ana
canadiense

profesor/ora
escritor/ora
arquitecto/a
ingeniero/a

BERTA
_____
_____

BRUNO
_____
_____

SANDRA
_____
_____

TOM
_____
_____

Alumno A

¿Es español o italiano?
¿Es inglés o americano?
Yo no sé.
Pero lo quiero conocer.
Me he enamorado,
hermano.
Pues pregúntale, amiga,
pues pregúntale, amiga,
pues pregúntale, amiga.

Alumno B

¿Es de aquí o es extranjera?
¿Es profesora o camarera?
Yo no sé.
Pero la quiero conocer.
Me he enamorado,
hermano.
Pues pregúntale, amigo,
pues pregúntale, amigo,
pues pregúntale, amigo.

Alumno C

¿Es española o italiana?
¿Es inglesa o americana?
Yo no sé.
Pero la quiero conocer.
Me he enamorado,
hermano.
Pues pregúntale, amigo,
pues pregúntale, amigo,
pues pregúntale, amigo.

Alumno D

¿Es de aquí o es extranjero?
¿Es profesor o camarero?
Yo no sé.
Pero lo quiero conocer.
Me he enamorado,
hermano.
Pues pregúntale, amiga,
pues pregúntale, amiga,
pues pregúntale, amiga.

ROMPECABEZAS

1. Esta canción tiene cuatro estrofas. Tú tienes sólo una. Escucha atentamente la canción y coloca tu estrofa en el lugar que le corresponda.

Primera estrofa
_____
_____
_____
_____
_____
_____

Segunda estrofa
_____
_____
_____
_____
_____
_____

Tercera estrofa
_____
_____
_____
_____
_____
_____

Cuarta estrofa
_____
_____
_____
_____
_____
_____

2. Ahora escribe en el espacio correspondiente las tres estrofas que te van a dictar tus compañeros.

3. Corrige tu dictado comparando las estrofas de tus compañeros.

4. Escucha la canción y comprueba si el orden de las estrofas es el correcto.

SÓLO MÚSICA

Escucha esta música e intenta definirla con tres palabras: un sentimiento, un lugar y un color. Marca con una cruz tus opciones; si quieres, puedes añadir otras. Después coméntalo con tu compañero y con toda la clase.

SENTIMIENTO	LUGAR	COLOR
❑ amor	❑ una isla	❑ rojo
❑ alegría	❑ una montaña	❑ azul
❑ dolor	❑ un océano	❑ amarillo
❑ tristeza	❑ un desierto	❑ negro

EL PARAÍSO

¿Puedes describir cómo es para ti el paraíso?

PRENDAS DE VESTIR, MATERIALES Y COLORES

¿Puedes poner estas palabras en la columna correspondiente?
Si desconoces el significado de alguna palabra, puedes consultar a tus compañeros o a tu profesor.

abrigo rojo negro blanco gris
azul lana plástico seda lila
pantalones zapatos cuero chaqueta
lino poliéster
camisa marrón chaleco verde calcetines
visón vestido
naranja amarillo reloj algodón

PRENDAS DE VESTIR
_____
_____
_____
_____
_____
_____
_____
_____
_____

MATERIALES
_____
_____
_____
_____
_____
_____
_____
_____

COLORES
_____
_____
_____
_____
_____
_____
_____
_____
_____
_____

LAS TRES PALABRAS

Escucha la canción, pero presta atención porque hay tres palabras, una de cada lista, que no se mencionan en la canción. ¿Cuáles son?

_____
_____
_____

¿QUÉ ES?

EL BRAZO	DERECHA
TOCAR	FUERTE
EL PIE	ABAJO
GIRAR	LA ESPALDA
LA CINTURA	LA CADERA
EL DEPORTE	IZQUIERDA
GOLOSINAS	ARRIBA
ECHAR LA SIESTA	ESTAR DE PIE
DOBLAR	LA DIETA

¿QUÉ ES QUÉ?

Escribe qué palabra o expresión corresponde a cada dibujo.

1.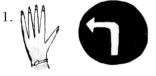

2.

3.

4.

5.

6.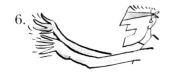

7.

8.

9.

10.

11.

12.

13.

14.

15.

16.

17.

18.

CUESTIONARIO

¿Sabes todas las respuestas? Si no sabes alguna, consulta a tus compañeros.

CUESTIONARIO

1. Si decimos que una persona "sabe latín", ¿qué queremos decir?

2. Una bolsa es un objeto que sirve para guardar cosas, pero: ¿qué otra cosa es la bolsa?

3. ¿Qué tiene que hacer una persona para doctorarse?

4. ¿Qué es la "jet marbellí"?

5. ¿Qué significa "salir por la televisión"?

6. ¿Qué hace una persona cuando está conectada a Internet?

7. ¿Quién es Falla?

8. ¿Qué es el ajedrez?

9. ¿Qué es un chico o una chica "diez"?

10. ¿En qué famosa ciudad española está la calle Montera? ¿Qué hay en esta calle?

TARJETAS RECORTABLES

Cuando decimos que una persona **sabe latín** queremos decir que esa persona sabe mucho, que es muy lista.

La **bolsa** es el lugar donde se reúnen los que compran y venden acciones.

Para **doctorarse** es necesario acabar una carrera, ser licenciado, y después escribir y defender una tesis ante un tribunal.

La **jet marbellí** es la gente rica y famosa que vive o pasa sus vacaciones en Marbella (Costa del Sol).

Cuando vemos a una persona en la pantalla del televisor decimos que esa persona **sale por la televisión**.

Una persona se conecta a **Internet** para navegar.

Manuel de **Falla** es el compositor español más conocido mundialmente. Entre sus obras más importantes destacan *El amor brujo* y *El sombrero de tres picos*.

El **ajedrez** es un juego entre dos personas. Cada una tiene 16 piezas movibles que se colocan sobre un tablero.

Una **persona diez** es una persona perfecta.

La **calle Montera** está en el centro de Madrid. Es un calle en la que siempre hay mucha gente y también muchos bares y clubs nocturnos.

6

ESTROFAS DESORDENADAS

1. ¿Cuál de estas 6 estrofas se repite en la canción?

A
*De la bolsa sabe un montón
y ha vivido en Hong Kong.
Está en las fiestas de la jet marbellí
y a veces sale por la televisión.*

B
*Navega por Internet,
tiene muchos amigos en la red.
Es conocida en Wall Street.
Sabe vender en ruso y en francés.*

C
*Pero ella quiere ser
una estrella del rock and roll.
Pero ella quiere ser
una estrella del rock and roll.*

D
*Ha estudiado en Oxford.
Se ha doctorado en París.
Tiene un master en marqueting,
piensa en inglés y sabe latín.*

E
*Y la noche del viernes
cambia de chaqueta y de "look"
y en la calle Montera
canta y baila en un club.
Y entonces ella es
la reina del rock and roll.
Y entonces ella es
a reina del rock and roll.*

F
*Al piano sabe tocar
Falla, Schubert y Mozart.
Juega al golf y al ajedrez.
Es, sin duda, "una chica diez".*

2. En total hay 7 estrofas, pero como ves, están desordenadas.
   Escucha otra vez la canción y ordénalas.

   1. _____   5. _____

   2. _____   6. _____

   3. _____   7. _____

   4. _____

3. ¿Cómo crees que se llama la canción?

LA REINA DEL ROCK

La protagonista de la canción es una persona especial. Intenta responder a las preguntas.

1. ¿Qué hace los fines de semana? ¿Por qué?

_____

_____

2. ¿Cuál crees que es su profesión durante la semana?

_____

_____

3. ¿Cómo te la imaginas: edad, aspecto físico, ropa que lleva, carácter?

_____

_____

BREVE CURRÍCULUM

Ahora completa su currículum con la información que tienes en la canción. Invéntate la información que no encuentres.

CURRÍCULUM VITAE

Nombre: _____

Lugar de nacimiento: _____

Fecha de nacimiento: _____

Dirección:_____

Estudios:_____

_____

_____

_____

Idiomas:_____

_____

Experiencia laboral: _____

_____

_____

Ocupación actual: _____

_____

Otros:_____

_____

_____

6

INGREDIENTES

Escucha la canción y anota al lado de cada ingrediente la cantidad.

1. _____ comprensión

2. _____ dulzura

3. _____ ternura

4. _____ aventura

5. _____ locura

6. _____ monotonía

7. _____ pasión

tres cuartos de
medio kilo de
un poquito de
cien gramos de
mucha
un poquito de
nada de

LOS TRES INGREDIENTES MÁS IMPORTANTES PARA ENAMORAR A UNA PERSONA

¿Cuáles crees que son los tres ingredientes más importantes para enamorar a una persona?

MONOTONÍA
COMPRENSIÓN
PASIÓN
TERNURA
SORPRESA
AVENTURA

UNA HISTORIA

Siguiendo el orden de los dibujos, intentad explicar qué pasa en esta historia.

1.

2.

3.

4.

5.

6.

EL TREN DE LA VIDA

Aquí tienes la letra de la canción. Pero está desordenada. Si quieres ordenarla, relaciona cada estrofa con el dibujo de la página anterior que le corresponda.

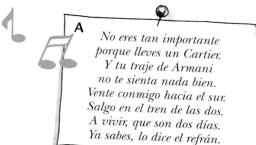

A
No eres tan importante
porque lleves un Cartier.
Y tu traje de Armani
no te sienta nada bien.
Vente conmigo hacia el sur.
Salgo en el tren de las dos.
A vivir, que son dos días.
Ya sabes, lo dice el refrán.

B
¿Qué hora es?
Ya son las seis y diez.
Hay que levantarse, ir a trabajar.
Un café con leche,
no hay tiempo para más.
Deprisa, deprisa.
El tren de las siete,
se te va a escapar.

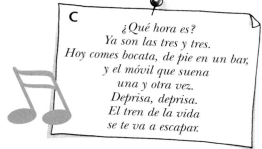

C
¿Qué hora es?
Ya son las tres y tres.
Hoy comes bocata, de pie en un bar,
y el móvil que suena
una y otra vez.
Deprisa, deprisa.
El tren de la vida
se te va a escapar.

D
¿Qué hora es?
¡Y yo qué sé!
Te miras al espejo,
y preguntas otra vez:
¿quién sabe a qué hora
sale ese tren?
Deprisa, deprisa.
El tren de la vida
se te va a escapar.

E
Pero un día una mujer
morena, de ojos tristes,
te dice en un café:

F
¿Qué hora es?
Ya son las ocho y seis.
Tienes una cita con el director.
La junta va a empezar
y hay que quedar bien.
Deprisa, deprisa.
El tren de la vida
se te va a escapar.

Y ES QUE HACE TANTO CALOR

1. Subraya en el texto todas las palabras que hacen referencia a lugares concretos de Madrid.

1. Todavía
hay gente
en la Plaza Mayor.
Y eso que el sol
ya está saliendo.
Un poeta y
dos mendigos,
bailando un vals.
Y es que hace tanto calor...

2. Salgo a la calle,
es casi de noche.
Sigo de frente
hasta Alcalá.
No sé adónde ir.
Quizá tomo una caña
con un colega
en "José Luis".
Y es que hace tanto calor...

3. Un travesti
junto a una farola
me llama sin interés.
Dicen que es
una noche loca
la de Madrid,
ya lo ves.
Y es que hace tanto calor...

4. En una terraza
de Castellana,
he visto a un viejo amor.
No digo ni hola,
lo siento,
prefiero tomar
otro cubata o dos.
Y es que hace tanto calor...

5. Tomo un taxi.
Calle del Barco, 20.
Siga de frente
hasta el final.
Mejor será acostarse
solo y de mal humor.
Y es que hace tanto calor...

6. Un yonki
en un rincón
se despide, en silencio,
de la vida.
Una chica
bonita
pasa y ni me mira.
Demasiada soledad.
Y es que hace tanto calor...

9

2. ¿Cuál crees que es la primera estrofa? ¿Y la última? ¿A partir de qué frases lo puedes deducir?

_____
_____
_____
_____

PALABRAS EN CONTEXTO

Busca estas palabras en la letra de la canción. Fíjate en el contexto y di qué quieren decir.

1. una caña

  a) ☐ un juego

  b) ☐ un edificio

  c) ☐ un vaso de cerveza

2. un colega*

  a) ☐ un amigo

  b) ☐ un bar

  c) ☐ un mueble

3. un cubata*

  a) ☐ un baile español

  b) ☐ una bebida con cola y ron (o whisky)

  c) ☐ una guía para salir de noche

4. un mendigo

  a) ☐ una persona que pide dinero en la calle

  b) ☐ un contrato de trabajo

  c) ☐ un medio de transporte

5. un yonki*

  a) ☐ una fruta tropical

  b) ☐ una persona adicta a la droga

  c) ☐ un bar que está de moda

6. un travesti

  a) ☐ un tipo de bicicleta

  b) ☐ un plato típico de Madrid

  c) ☐ una persona que se viste con ropa del sexo opuesto

* Estas palabras se utilizan normalmente en situaciones informales. En contextos formales, se utiliza "amigo" en vez de "colega", "cuba libre" en vez de "cubata" y "drogadicto" o "drogodependiente" en vez de "yonki".

TUS PARIENTES Y CONOCIDOS

Completa cada recuadro con el nombre propio de las personas de tu círculo familiar o de conocidos. Deja en blanco los que no puedas rellenar. Después, quizás tendrás que presentar a estas personas a la clase.

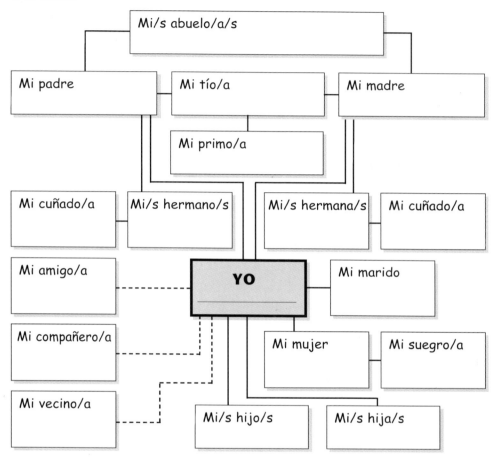

TRES DESCRIPCIONES

Escucha la canción y decide cuál de las tres descripciones se acerca más al sentido de la canción.

☐ Trata sobre un grupo de vecinos que van a ver al Presidente para pedirle ayuda porque tienen problemas en su barrio.

☐ Describe una situación un poco surrealista pues, normalmente, un grupo de personas no se presenta de este modo a un presidente.

☐ Relata la visita del Presidente del Gobierno a un barrio después de una catástrofe.

LA HISTORIA DE MANUEL

Ésta es la historia de Manuel. Ordénala. Después compara tu resultado con el de tu compañero y comenta los aspectos que te parezcan más interesantes de la historia.

A. Me fui en 1963. En el pueblo no tenía trabajo pero hacía todo lo que podía. Algunas temporadas recogía aceitunas, otras, uva en la vendimia.

B. Lo pasé muy mal al principio; no hablaba el idioma, el clima era muy diferente, también la gente, la comida, las costumbres... Yo estaba acostumbrado a la vida en el pueblo, las tardes en el bar con los amigos, los paseos por las afueras del pueblo con mi novia, las películas de los domingos por la tarde en el cine, las comidas con toda la familia...

C. En esa época se iba mucha gente a Alemania, todo el mundo decía que había mucho trabajo. Así que un día decidí comprar un billete de tren y, con el poco dinero que tenía, me fui a Hamburgo. Allí tenía un amigo de la infancia que me alojó en su casa y me encontró un trabajo.

D. Era una vida muy tranquila, pero en casa éramos muchos y no había dinero. Yo quería otra cosa, era joven y tenía ganas de comerme el mundo.

E. Cuando volví ya nada era lo mismo; el cine estaba cerrado, la gente no me conocía, mi familia estaba repartida por todos los sitios: mis dos hermanas en Bilbao, un hermano en Barcelona y el otro en Francia. La vida en el pueblo ha cambiado mucho, pero, en el fondo, ésta es nuestra tierra. Mis hijos se han quedado en Alemania pero vienen todos los años de vacaciones a vernos.

F. Vivíamos bien, pero siempre echábamos de menos algo, nunca estábamos del todo felices. Finalmente en el 79 decidimos volver a España. Compramos una casa en el pueblo y montamos un bar.

G. Pero poco a poco me acostumbré a la vida en Alemania y empecé a perder el contacto con España. Al cabo de unos años, volví de vacaciones. Creo que fue en el 69. Fue muy bonito volver a ver las casas blancas con sus patios, el cielo azul, mi familia... Me casé en Hamburgo con una española y nuestros hijos nacieron allí.

Y LUEGO PASARON DÍAS...

Escucha la canción y marca la opción correcta. Después compara tus respuestas con las de tu compañero. ¿Necesitas escuchar la canción otra vez?

1. Se fue de su pueblo en
- ☐ 1962
- ☐ 1965
- ☐ 1975

2. Vivía en
- ☐ una ciudad
- ☐ un pueblo

3. Su novia se llamaba
- ☐ María
- ☐ Rocío
- ☐ Lucía

4. Los patios de las casas olían a
- ☐ vaca
- ☐ menta
- ☐ aceite

5. Se fue al norte en
- ☐ tren
- ☐ barco
- ☐ coche

6. En su pueblo había
- ☐ olivos
- ☐ naranjos
- ☐ almendros

7. Volvió a su pueblo en
- ☐ 1965
- ☐ 1975
- ☐ 1985

8. Cuando volvió, su novia
- ☐ lo esperaba
- ☐ no lo esperaba

9. Cuando volvió, el pueblo era
- ☐ igual
- ☐ diferente

11

LA VIDA DE...

Escribe un texto sobre la vida del protagonista de la canción. ¿Cómo era su vida en el pueblo? ¿Por qué se fue? ¿Cómo era su vida en la ciudad? ¿Por qué volvió? ¿Qué cambios encontró en el pueblo? ¿Qué hizo después?

11